Confesiones

Leonardo de Diego

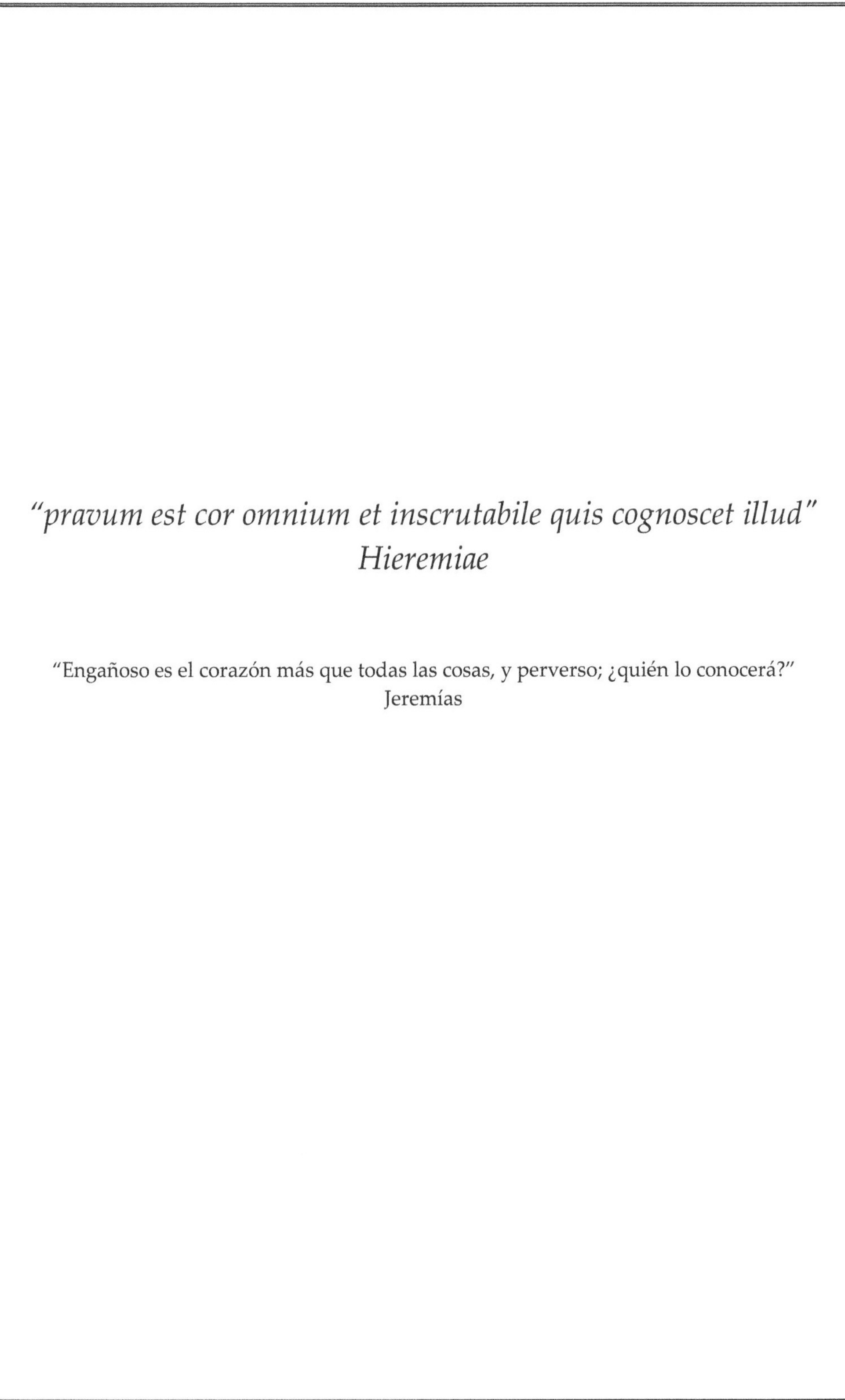

"pravum est cor omnium et inscrutabile quis cognoscet illud"
Hieremiae

"Engañoso es el corazón más que todas las cosas, y perverso; ¿quién lo conocerá?"
Jeremías

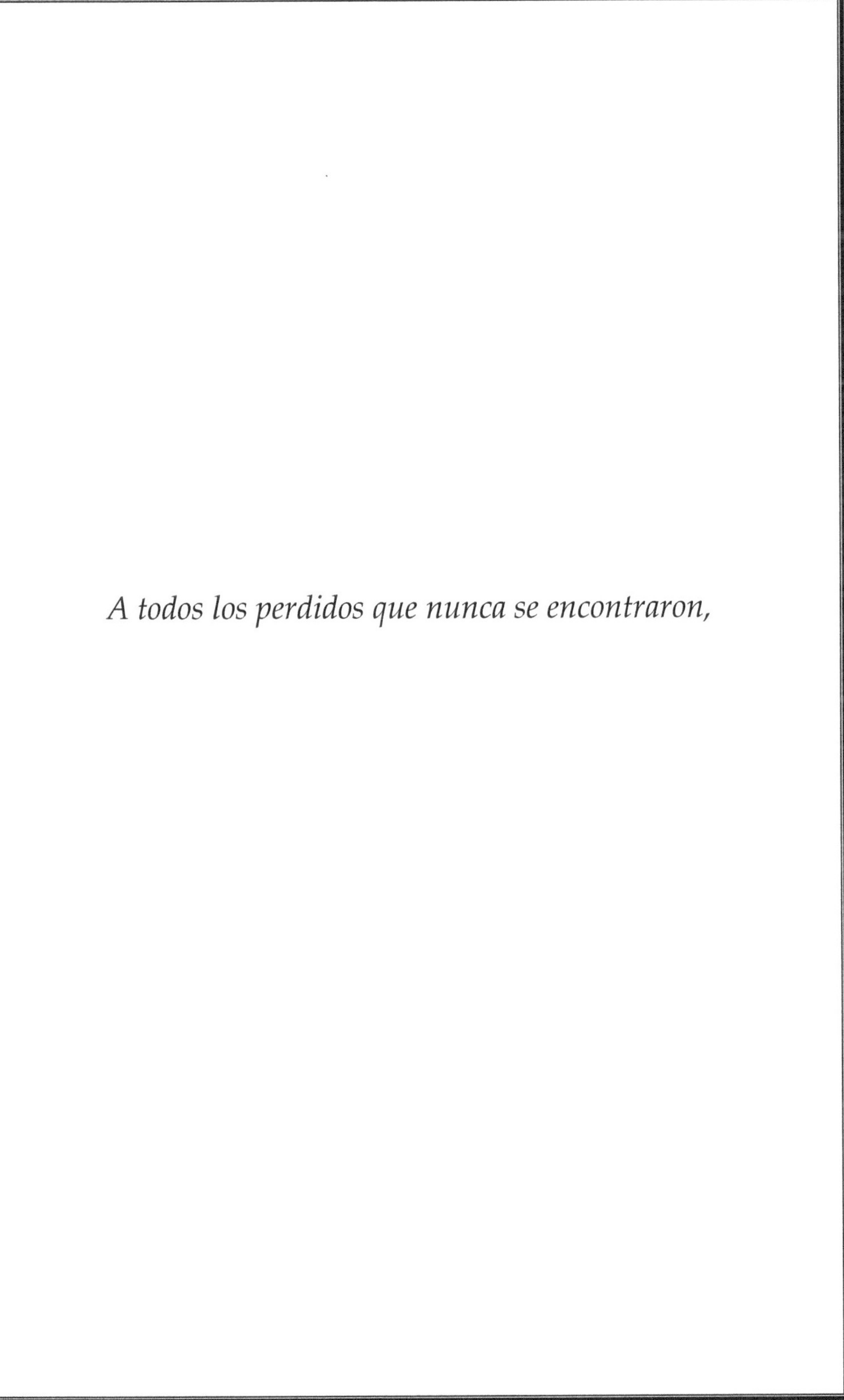

A todos los perdidos que nunca se encontraron,

POEMAS

Ella

Ella es una llamarada de arrebatos y vehemencia
que se hace esclava de mi pasiones y demencias.
Cercanos somos como el alba de la mañana,
distantes solamente, dos extraños que se hablan.

Ella es solo mi amiga y a veces mi amante,
que muere a sus juicios y me hace insaciable
de todos los deleites benditos de su carne,
me cautiva a desearla toda... hasta su sangre.

Ella es más que la locura desbocada de mi juventud,
es la arista intransigente que remece mi quietud.
Próximo a sus labios me olvido del edicto del pecado,
y regreso a sus brazos para afligirme en su amparo.

Ella es el deseo de una vida que no encontraba salientes,
que se desvergonzó en intenciones nunca evidentes.
Es como el hálito que acompaña a los vientos de enero,
que trae en su ajuar los recuerdos del amor de invierno.

Ella es una daga impoluta que se eleva desafiante
con la intención de hacerse de mi corazón errante;
para desangrarlo y asesinarle todas mis vergüenzas,
como si quisiera expurgar de mi las asperezas.

Ella tiene la esencia lejana de lo místico,
es la dulzura que sacia mi estado anímico;
veo en sus pupilas el ilícito motivo,
que ruega la condición de estar vivo.

Ella es un dulce cóctel de intenciones desenfrenadas,
que algunas veces bebo despacio y con tardanza;
para deleitarme en el contento de nuestra cercanía
y lamentarme en la nostalgia de que nunca será mía.

Fuego

Hay un ardor en mi entrepierna
que me reduce a escombros y tierra,
sometiéndome a la depravación,
me hace desestimar mi ovación.

Es la vehemencia vestida de dama,
que ultraja el recato de las jugadas,
de mi fogosidad cruel entronada
en tus labios lascivos de hada.

Al distinguir de tu pecho
el calostro sensual del sexo,
en mi mente la impudicia,
es la única racional salida.

Al contemplarte en pocas miradas,
mis partes reclaman esas posturas,
del adulterio sin treguas ni dudas,
que sature todas mis locas angustias.

Aún cuando no sabes tan siquiera,
que desnudo tus pequeños senos,
todos los días te imagino en la litera
de mis desconocidos sonidos secos.

Tu eres una hermosa dríada
preparada para saciar mis ansias,
déjame solo atravesarte con fuerza
y asfixiarte con esta fatiga que no cesa.

Quiero pecar más allá de mis ecos

Quiero pecar mas allá de mis ecos,
y catar el vino dulce de tu sexo.

Entrar y desgarrar más que tus trapos,
tu matriz lozana en fieros llantos.

Apartar de mi cualquier edicto
y volverme solo un completo adicto;

De tus partes blandas y rosadas,
Saboreadas, dulces e impregnadas.

Déjame llegar al umbral del despego
de la moral y los recelos añejos.

Y perforar el afán de la orgía y desmesura
con la polución briosa de tu cuerpo de lujuria.

Allí clávame con el estoque de tus labios
y séllame con tu vivaz y retorcido vicio.

No dejes que escape de tus agrados,
mátame y atraviésame ahora que soy osado.

Ahora que soy lo que no debo.
Hazme tu carnada o tu cebo.

De aquel placer y dolor forasteros...

Pecaminosa Obsesión

Estoy forzado a subyugarme a ti;
son todos mis sentidos en lo mas vil,
que se retuercen en el eclipsado cieno
de este inmoral impulso ciego.

Conspiro contra el edicto divino
de no tocar, ni beber de lo ilícito;
aquí en el vacío de mi dignidad,
te imagino tersa en tu sexualidad.

Acecho entre espacios tu mirada
tratando de beberte hasta la nada,
y despojarte del agobio de ti misma
para que seas absolutamente mía.

Entre el arranque de mi locura
y el interés olvidado de mi cordura,
veo perspicazmente tus pechos
pequeños, asomados y bellos.

No eres más que todo lo prohibido,
atormentándome cruelmente la libido
Atrozmente me matas en puñaladas
que infringes en mis apetitos y ganas.

Destierro

Herido por el acerbo del instinto
me propongo cavilar en lo indebido.
Y rescatar todos los disparates absurdos
de mi desacierto irritado y burdo.

Impaciento por el innato derecho
de adolecer sobre todo lo abolido,
para enlodar todo mi austero vivir
en la vergüenza de mi áspero sentir.

Quiero palpar el rubor de un cuerpo,
que este mancillado en el capricho,
de ahitarse en el desliz pervertido
del vicio provocado por el descuido.

Abusados en el hastío de nuestra virtud
nos entregamos erguidos en prontitud,
a los placeres ignorados de las gracias,
que cubren el aullido de nuestras animas.

Erróneamente he decidido por el bien,
renunciando al lascivo sabor de tu miel;
Aquí decidí por la lejana e integra moral,
que cavila en mi solo el deseo de sollozar.

Encierro

Soy una masa amorfa de miedos,
de temores atrapados y fundidos.
Estoy encerrado entre gritos
que solo escucho en mis silbidos.

En aquellos momentos absortos
en los que me matan los ecos,
Todo es un sonante e incierto esbozo
que traza la muerte a sus antojos.

Camino despacio entre los restos
de lo que quedo del ascenso
de mi vida envuelta en el hilo
cortado con la cizalla del nimio.

Aquel menos que yo, que es maldito
juega conmigo a los dados del delito
queriéndome atravesar cautivo
hacia el país de todo lo ilícito.

Desventurada alma desgarrada
andrajoso corazón que sangra
eres un todo amargo que se ata
a los pesares gastados de la nada

¡Déjate morir tan siquiera!
¡Y gasta tu furor sin tregua!
¡Arrójate a este cruel abismo!
¡que reclama tus restos limpios!

¡Solo muérete ya!
¡Y no despiertes nunca jamás!

Desatino

Cavilando entre los ramales del juicio,
descubrí todo en desastres y desperdicios.
Era mi vida envuelta en la pujanza,
de la lucha incierta y banal del alma.

Insidiosa mujer, pérfida amargura.
La pena del magrear es la tortura
que sujeta mis zozobras de tocarte
y desnudar tu eros al penetrarte.

Quiero desesperarme en todas tus partes,
y saciar cualquier inclinación dislante.
Quiero relegar la totalidad de mi sensatez
en tus senos afilados arrancándoles la piel.

Es una angustia afable e infatigable,
que me vuelve una llamarada irritable.
Asido de tu intención displicente,
me disgusto contra tu gesto inmanente.

Soy una criatura del céfiro errante,
que ríe, llora y vive penante,
en la pocilga del fiemo humeante,
retorcido por la ruina de ser tu amante.

Reencuentro

Aquel día nos amamos
y se fatigó tu vientre,
allí acostados dejamos
una semilla incipiente.

Me pediste insistente
que te amara sin prejuicios
que solos y subyacentes
olvidáramos todo el delito.

Pensamos solo en el momento bendito,
en el que sanábamos el destierro convicto.
Allí el sudor purificaba nuestras almas
y el pudor se deshacía como la nada.

Abandonamos esta era de dolor
adentrando nuestras ansias en el amor.
Fueron los minutos víctimas del ocaso
de aquel país que nos separó alejándonos.

Rasguñabas los brazos del destino
arrebatándole sin piedad y con martirio
aquel ser, este hombre que estaba tendido,
que apeteciste absorberlo en un soplido.

Sin reparo lamentaste la lejanía del placer,
fue tu rostro retrato del gozo y el palidecer.
El ímpetu de nuestra lejanía nos conmovió,
solamente deseábamos no esperar aquel adiós.

Éxtasis

En la desesperación de tus instintos,
buscaré llevarte hacia lo ilícito.

Cuando tus ansias se tornen lascivia,
domaré tu fogosidad con pericia.

Y tomaré del ardor de tus venas,
la vida que disipas con fuerzas.

Usurparé tu tranquilidad
haciéndote víctima de tu libertad.

En el momento que la impaciencia
se apodere de tus manos inquietas,

Te prohibiré la pretensión de saciarte,
y te arrancaré esa desinhibición insaciable.

Retendrás con furia todo el calor que te abraza,
encarcelando en tus piernas el dolor que te embarga.

Encontraré allí el sollozo de tu orgasmo,
saciando tu cuerpo horizontal sin descanso.

En la repentina calma que llegue,
cuando lentamente de mí te liberes,

Estrecharé tu cuerpo cansado
y besaré tus cabellos embriagados.

Ahora estoy aquí

Ahora estoy aquí enfrentándote,
viendo como la mañana nace
en tu despertar palpable.

Ahora estoy aquí escuchándote,
deleitándome con las notas suaves
que le recitas al día que se expande.

Ahora estoy aquí viéndote,
admirando tu figura agradable
que me seduce a ser tu amante.

Ahora estoy aquí tocándote,
moldeando en cada espacio de mi piel
los íntimos recuerdos del ayer.

Ahora estoy aquí apasionándote,
recordando de nuestras vigilias
aquellos arrebatos de lascivia.

Ahora estoy aquí amándote,
encontrando tu dulce corazón
más cerca de mí sin explicación.

Ahora estoy aquí...

En una noche de abril...

En una noche de abril,
te seducía y te persuadí,
a tu oído hablé delirante
que eras la reina de los mares.
Acaricié la dulzura de tus labios
con el ósculo intencionado
de llegar a dormir junto a ti
entrelazando tus piernas en mí.

En una noche de abril,
me recibiste en el atril
abriste tus brazos cansados
y te olvidaste del mandato.
En el gusto te recité mi ofrecimiento
con palabras de agitación y fuego,
así tu entrepierna humedeció
en un río entrañable de excitación.

En una noche de abril,
no eras la mujer símil,
rasgaste el velo del altar
para ser mía más allá del mar.
Encontrándote en el lamento
casi pérfido del tormento
hincaste la voluntad a la virilidad
adentrándote en mi promiscuidad.

En una noche de abril amaste todo así:
el mundo, la vida, el delirio y la desidia...

Cansancio

Déjame descansar la vida sobre tus senos,
escuchando tus latidos en mis sueños.

Dibuja sobre mis cabellos la ternura;
enséñame el camino hacia la desembocadura
de este río de lamentos y pesares malditos
que traigo a ti cuando me siento perdido.

Al olvido encomiendo mi existencia,
alíviame con tu clemencia,
no permitas que despierte,
recítame versos de cánticos alegres.

Llévate mis ansias hacia un lugar ilícito
ocúltalas en la oscuridad sin testigos,
desata el yugo de mi penitencia,
en la quietud de la inconciencia.

Cuando mis ojos se cierren lentamente,
recuesta mis sienes en la noche silente;
y sella mis labios con aquel beso,
que me guíe hacia al descanso eterno.

A ti, mujer inalcanzable

Aquellos suaves labios que se afanan entreabiertos
dibujan en mí sombras de fascinación y desvelos.

Tersa piel transparente, lacios cabellos rubios.
Me he visto ante ti como un ser moribundo y sucio.

Mi humanidad hoy se manifiesta aun más vil,
no puedo articular un juicio de admiración hacia ti.

Porque eres distante, un ser más allá de mi entorno,
un espíritu celeste que obnubila todo lo que conozco.

He sido expuesto ante tu belleza y encanto.
Trascendiendo mis sentidos me sometes al llanto.

Déjame humillar mi naturaleza aun menos
y estar junto a ti en las voces del desenfreno.

Deja que mis manos escriban apresuradas
todo el sosiego vociferado por sus ansias.

Deseo ofrendar la tinta escarlata de mis venas
a ti que llenas con divinidad mis preciadas letras.

No he visto aún tu maldad.
No he conocido aún tu libertad.

Quisiera...

Yo quisiera ahogarme en tu ausencia
y hundir esta intención en tu presencia.
Yo quisiera traspasar los diques del tiempo
y atravesar la dimensión de tu universo.

Yo quisiera tomar la forma que esperas
y deformarme dándote toda la cabida.
Yo quisiera ser todo lo que respiras
y que tu aire fuera toda mi vida.

¡Qué más yo quisiera que horadar
íntegramente la médula del paladar,
y que todo me supiera al perfume
que destila de tus labios dulces!

¡Qué más yo quisiera que resquebrajar
la conciencia carente de tenacidad
y ofrecerte el sacrificio de mi partida
apaciguando el ímpetu de tu vesania!

¡Qué más yo quisiera que esforzarme
en defenderte ante el juzgado celeste
y procurar prevenirte de no entristecer
al comparecer ante la faena de fallecer!

Eres lo que más quiero y lo que me retoca.
Estas tú esbozada en una pintura pletórica.
Te admiro en secreto, cada noche que duermo.
Te amo con gallardía, en la hazaña de los días.

Te Amaré...

Beberé este cariño sin la urgencia
de que emigren las primaveras.
Te amaré sin tener abstinencias
de toda tu efigie sincera.

Y recordaré toda nuestra realidad,
viviendo los días como en el altar.
Escribiendo en los retazos del ayer
el juramento de serte fiel.

Envejeceré en tu refugio
y solos, en el reposo,
recordaremos el vigor
de aquellos días de verdor.

Cuando la blancura
entinte nuestras cabelleras
guiaré tus pies agotados,
muy cerca de mis pasos.

Llegando al trono del Señor,
juntos los dos, siendo de Dios.

Veo en Ti

Veo en tus ojos el brillo de la luna,
que se refleja solitario y profundo,
con la tenue luz que los alumbra.

Veo en tu mirada taciturna
el sonido apacible del mar
que de noche nos arrulla.

Veo en ti al tiempo suspendido,
encarcelado dentro de sí;
como si no tuviese espacio en mí.

Veo en tus palabras el camino
revelado de mi destino,
que me aparta del martirio.

Veo en tus cabellos la perdición,
el lugar en donde muero;
la debilidad de mi convicción,

Veo en ti todo aquello que me hace sentir...

Admiración

Acerqué mis manos hacia tu cuerpo,
para sentir tu piel tersa sobre el lecho.
Dormías bendecida por la luz pura
que emanaba de tu silueta profunda.

Desfallecí del sueño,
para contemplarte entre espectros.
Admiré tu belleza impecable,
dibujándola con afán incansable.

Respiré un poco de tu aire
mirando fijamente tu semblante.
Allí sentí el súbito palpitar
que mi corazón no pudo olvidar.

Sentí que al verte, la vida
eras tú, allí tendida,
que llenabas el espacio incierto
en el que tuve consuelo.

Dormí acurrucado en tu pecho,
y protegí mis anhelos en tu techo.
Entregué todo mi amor en los labios
de la mujer que amé hasta el cansancio.

Solo somos el silencio y Tú

Solo somos el silencio y tú
mirándonos fijamente sin decir
qué pensamos, aquí angustiados
permitimos que hable el más osado.

Solo somos el silencio y tú
fatigados por las tristezas,
retorcidos por todo este mal
agazapados en la soberbia.

Solo somos el silencio y tú
sentenciando los elogios,
luchamos por el sufragio
de elegir nuestro naufragio.

Solo somos el silencio y tú
urdiendo el trance del corazón,
para llevarlo más allá de Dios,
siendo así una liberación.

Solo somos el silencio y tú
cavilando el designio del espíritu,
para no llevar culpa al cielo
subsanando todo con destierro.

Solo somos el silencio y tú
sin palabras de por medio,
solo un murmullo de cosas
que nos vienen a la memoria.

Pasión

Ella trazó el rasgo de la furia
apartando toda su penuria.
Destruimos lo profano,
renunciando al agravio.

Afanados despojamos los vestidos
dejándonos caer en la tentación y el vicio.
Como dos locos clavando las espadas,
traspasamos nuestra piel y las sábanas.

Caricias de lujuria dibujamos en el costado.
Y más allá de los límites fuimos fatigados.
Sudor y fuego destilo de nuestro regazo,
la frialdad del suelo nos rescató en pedazos.

Agotados, extenuados, penetrados y cansados.
Gemidos, alaridos, un rugido y un quejido.
Escribimos en las páginas de las sombras,
estas palabras que nos sabían a gloria.

Cuando de sus labios despertó
el gemido del clímax retraído,
aferrada, estrechó todo su sexo
a su cuerpo bendecido por el rezo.

De aquel licor bebimos embriagados
en las copas de los labios amados.
Íntegro fue nuestro desenfreno
que satisfizo este amor eterno.

Quiero...

Quiero entregar este desacierto,
en el ardor de una mujer sin recelos.
Fundidos en nuestros instintos,
deshaciendo el precepto ilícito.

Quiero deleitarme en el placer,
que su silueta causa en mi piel
y beber su aroma como deliciosa miel.

¡Quiero levantarla en mis brazos!
¡Qué sienta la viril fuerza de mi abrazo!

Quiero mirarla fijamente
y decirle al oído lentamente
palabras prohibidas y ardientes,
que retoquen su sexo vehemente.

Quiero dejar mi vida en los lienzos
que acariciaron nuestros cuerpos
cuando hacíamos el amor sin desprecios.

¡Quiero amarla con la fuerza del viento!
¡Quiero apasionarla con el ímpetu del océano!

Confesión a una amante

De tus labios bebo la culpa
y de tus pechos la locura.
En tu corazón asolado
olvido todos mis fallos.

En las sombras caminamos
por los senderos malsanos.
Escondiendo nuestros defectos,
besamos los cuerpos incorrectos.

Se quiebra el silencio
con gritos y deseos.
Es fugaz el momento
vertical en el tiempo.

Tomado de tu cintura
penetrando tu ternura.
Alimentas tus ansias
ocultando la arrogancia.

Llenándote de placer y sensualidad,
sacrificas en ofrendas mi mortalidad.
En la cima de tu propia negación
piensas que has visto redención.

Lo que has visto es el pecado
que nos aparta tanto de Dios...

Muerte de un Hombre

Toma mi cuerpo destrozado,
y en la locura de tu agravio
no dejes ni un solo rastro
del crimen de tu fiero arrebato.

Deja tus máscaras de un lado,
y bebe tu culpa con desgarro.
Encadena mis manos al costado,
y ata con sogas mis pies vejados.

Deja que la inercia me lleve cautivo
a las profundidades del abismo;
cubre tu delito con la indiferencia,
así no sabrán que eres una fiera.

Olvídate de la insufrible culpa,
en mi sepelio llora toda la amargura
de saber que mataste, sin remordimiento,
al hombre que te amó sin desprecio.

Pero en las noches del placer que te dé su cuerpo,
¡sí, el de aquel!, tu amante, el miserable perverso,
recuerda que fuiste mía, que te amé aun en agonía,
y que conmigo murió toda la luz de tus días.

Ahora eres solo objeto de su profanación,
un cuerpo vacío, lleno de pecados sin salvación.
Eres solo una esclava de sus instintos,
atrapada en su hoguera de sacrificios.

Tentación

Emergen los sentimientos del ayer
escudriñando el maligno parecer.
Perturban el estado de virtuosidad,
para hacernos víctimas de la maldad.

¡Lucha de las tinieblas y de la gloria,
y nosotros tratando de guardar honra.
En la coyuntura de la intención,
nos volcamos a la perdición!

Un vocablo infame y de sátiras
dibuja su cometido en las ansias.
Cae el hombre bañado en pecado.
Cae todo ser que ha sido acusado.

Se levanta el difamador,
un espíritu inculpador;
esforzado en obstinación
nos deja en resignación.

Humillados y confundidos
abrazando el yugo del olvido,
aceptamos con desasosiego
que todo ya está hecho.

Al final creemos en la redención,
buscando un sentimiento de perdón.
Que sea consuelo de nuestro acusador.
Que sea ofrecido por aquel Redentor.

Necesidad de Amor

Arrojaré este sentimiento,
a los primeros brazos abiertos.
No pensaré en predicciones.
Sólo la amaré sin pretensiones.

Mezclaré el sabor agridulce
que emana de su postura apacible,
desatando con sus argumentos
toda la fiebre de mis sufrimientos.

Clavaré toda mi devoción
en su silueta de premonición.
Hastiaré todo el desaliento.
en una ley del mandamiento.

De hacerla mía sin malicias
amándola toda sin prisas.
Retardando el mandato
en una noche de pacto.

Olvidaré que soy alguien
abstrayéndole el valuarte.
Íntegra será de mi carne
amándome trashumante.

Quedaremos extendidos
con los santos redimidos.
Engendraremos la incuria
postergando la cordura.

Toda Tú...

¡Toda tú, me representas la existencia!
¡Hundí en tu ansiedad toda la fatalidad!

¡Penetré el tuétano del tegumento!
¡Hasta rescatar de ti el extracto!

Bebiendo la pócima sagrada,
¡te proclamé para mí consagrada!

Sometí el sentido a la vehemencia
de tu amor sellado en mi demencia.

Me olvidé, reivindiqué la inexistencia
y contuve mis entrañas con persistencia.

Empuñé la daga del instinto
arremetiendo contra el desvarío.

Atravesando tu frágil voluntad
retoqué el punto de la piedad.

Lamentos escuchó la oscuridad
confusión y desgarro sin libertad.

Allí extendidos junto al sol y el astro
viste la luz del crepúsculo y del ocaso.

A mi lado, junto a mí... Eras tú.

Viaje hacia el mar

A las orillas dejaré mis esperanzas
y audazmente alzaré las velas,
hacia el horizonte incauto y desconocido
para encontrar algún amor perdido.

Elevaré las anclas del compromiso,
encaminando mi corazón al olvido;
seguiré ciegamente a las estrellas,
que me guiarán sólo hacia ella.

Trazaré en mi ruta a la primavera,
la estación bella de flores frescas;
procuraré hacer algo de tiempo,
para desembarcar en febrero.

Allí encontraré ocultas a las doncellas,
mujeres vírgenes de sensualidad bella;
les pronunciaré versos en mi locura,
precisando así la admiración de alguna.

Extasiaré el desengaño,
en las caricias del pasado.
Incrustaré su nombre en mi pecho
y ahogaré mi ardor en su lecho.

Será mía en la virtud de su esencia,
cautiva será de nuestra persistencia;
allí vestiremos la desnudez
de la pasión hasta el amanecer.

Cerca de Ti

Te recité todos aquellos versos
que le escribí al mundo entero.
Entonces miré tu vivaz rostro
exigiendo la causa de tu asombro.

No podía esperar por embestir
tus someros atavíos por desvestir,
y sorber en la atadura ilesa
toda la virtud de tus venas.

Fueron tus labios muy amargos,
eras tú como un acibarado trago.
Eran culpa y miedo mezclados con aflicción,
como una bendición vuelta consagración.

No expliqué los argumentos de amarte.
Sólo deseé tus besos, tus caricias y tus partes;
me entregué a la necesidad de tu vacío
y lo llené solo con pasión y desvíos.

Dije tu nombre mil veces, deseé morir en ti,
abracé tu cuerpo cansado aferrándolo a mí;
acaricié con mis manos tus rizos,
besé tus labios y te sellé con un signo.

La señal de pasión, la huella de un extraño amor...

Despecho

Estoy cansado de vivir con miedos
y entregarme cada día al desacierto.
Estoy harto de la dependencia,
quiero sacarme toda esta tristeza.

Ignoraré que vivo porque la amo.
Me arrancaré este mal encargo.
Olvidaré la culpa de su descuido
y me ofreceré como un sacrificio
a los dioses del pecado bendito
que beben la libido del delito,
mancillando las frentes en merma
de que se fueron todas las deudas.

Quedaré pasivo e indiferente
siendo la intención muy evidente,
de que no quiero vivir pensando,
y que sólo quiero morir llorando.

Sofocado por mi egoísmo
ultrajado por el desvío,
me apartaré del cielo
para tocar el infierno.

Todo porque una noche me tuviste.
Todo porque una tarde me vendiste.
Todo porque una mañana me sostuviste.
Todo porque un día me dijiste...

Desconsuelo

Sus cabellos estaban tendidos
en el féretro de los perdidos.
Unas lágrimas de añoranza
emanaban dolorosas y fatigadas.

El desahogo y el quebranto
fueron su abandono fortuito.
Fue una conmoción de espanto
cuando su mirada dibujó el hito.

Una señal de angustia,
con temor y penuria,
esbozó toda la renuncia
en el mensaje que anuncia.

Un clamor de congoja
convulsionó en la cumbre,
y con la vida despojada,
me abrazó el infierno con lumbre.

Reprimí el llanto con fuerza,
para ser sacrificado por la pena.
El puñal de la indiferencia
abrió la amargura en sentencia.

No ansiaba la condolencia
sólo te quería devuelta.
¿Por qué te fuiste en contienda?
Aquí dejaste mi alma en tristeza.

Ahora te necesito, mas no quisiera.

Para el corazón de mi Reina

De su mirada retraída,
de su perfil de osadía,
vi la quietud y la intriga,
acogidas como dos niñas.

De la sensualidad de su piel
apetecible al borde del parecer,
encontré un tesoro escondido
en sus tiernos senos acogido.

Atento a su respuesta
la describo con proeza,
en cantos de admiración
rindiéndole mi consagración.

Porque para mí es una reina,
dueña de todas las riquezas.
La belleza adorna con tiaras
toda la ternura que irradia.

Su vasallo me he declarado,
Su más fiel subordinado.
Un amargo sabor perfila mi devoción,
al pensar que no seré más de su posesión.

Resignación

Podría olvidarme simplemente de ti,
recordando solamente tu rostro senil

Pensaría que todo fue el azar del destino,
que me obligó a beber de un néctar salino.

Alentaría a mi corazón a soñar que no está vivo
viviendo esta fantasía en un cementerio cautivo.

Llevaría mis culpas y miedos sin absolución
condenándome a una existencia de aflicción.

Usurparía la ilusión de enamorarme,
por un sentimiento de cansancio asfixiante.

Entendería que fue un momento agobiante,
en la noche a oscuras, tratando de encontrarte.

Levantaría la mirada hacia el horizonte,
tratando de contener este llanto incesante;

Suspiraría en mi último bocado de aire
aquellos besos que nunca llegaré a darte.

¡Apresúrate, muerte, a no retrasar el paso!
¡Resignado esta mi espíritu cansado!,

Llévame hacia el lugar malvado
en donde quizás encuentre el descanso.

Consternación

El recuerdo de tus amoríos
retoca mi corazón partido.
Dejando en vela el pensamiento
mi mente crea razonamientos.

Es una pregunta constante,
que recito en una prosa pedante.
¿Por qué te perdí?
¿Si yo a ti me rendí?

Los días pasan y no hay suspiros,
tan solo se escuchan los gemidos,
débiles y moribundos de la conciencia
tratando de recuperar la inherencia.

Absorto me dirijo a confesarme
con el hombre pecador que se dice padre,
aquel que pretende redimirme
con una penitencia predecible.

El silencio me abrazó como un amigo,
me dice que la redención
no tiene espacio para los perdidos.

No despierto, porque no he dormido,
es agobiante la condena que lastima
y la consternación que abre las heridas.

Aquí en la soledad, pago el precio de amarte más...

Espejismo

Imaginé tus manos estrechando las mías,
eso fue en el desacierto de esta agonía;
luego, profundamente dormí aquel día
en el que a solas te vi en la utopía.

¿Acaso fue la fatiga del afán de morir?
pudo ser un espejismo del destierro,
al que me castigó la vida, por herir
con mis anhelos a un corazón de hierro.

Discerní tarde en la madrugada,
que no atesorabas alma;
que eras fría como el hielo
y cruel como el averno.

Comprendí que aún veía
lo que mi corazón ya no sentía.
¡Qué irónico, siempre fuiste
nada de lo que yo creía!

Anocheció un poco más temprano,
¿cuándo amanecerá?
Podrá ser cuando cese el invierno
o cuando se escondan los miedos.

Mujer, recuerda que nunca me amaste...

Distancia

Esta lejanía amarga que nos separa
desciende por mis entrañas desgarradas.
Esta vida mórbida y sin juicio,
vaga latente hacia el desperdicio.

¿Por qué me dejaste, amada mía,
abandonado en la isla de la desidia?
Aquí la soledad acaba lentamente,
con la letra de mi verso errante.

Permite que la esperanza de hallarte
no muera por esta distancia insaciable.
Estando lejos de ti, suspiro que estés aquí.

Así es el destino,
que flecha a los corazones
y nos condena a ser cautivos,
dándonos más castigos.

En la aflicción de los días
veo los instantes rendidos,
al delirio desmedido
de amarnos sin egoísmos.

Aquí soy, estas palabras tratando de vivir...

Ira

Ira corre por mis venas,
hoy, el día de tristezas.
Retengo esto contra mis fuerzas,
tratando de no herir la paciencia.

Cien fuegos salen de mi boca,
y una somera razón se asoma,
solo para ser herida,
por la brutalidad aborrecida.

Exhalo, quizás... agotado
quizás... por desengaño.
Retengo el suicidio
para no estallar en vicios.

Abatido por el tropiezo,
te dedico el testamento
donde lastimado te entrego
todos los sentimientos.

Luego del tormento,
arribó la calma con asombro.
No pude contener el llanto
al encontrar todo destrozado.

Por tu engaño, por los celos, por ti...

Nocturno del Fin

Cerca del reinado del Señor,
en un espejismo revelador,
rendí toda mi oración
buscando consagración.

Escudriñe la bóveda celeste
aún tarde, siendo persistente.
Hallé el himno innato
de las estrellas en su estado.

No había luna, era evidente,
su lustre declive estaba presente.
Hoy los cuerpos ausentes
alumbrarían hacia el este.

Un halo de luz en la amplitud
brotó de los mismos ojos del sur;
parece aludir a la tormenta
que angustia a los que esperan.

Luego cuando recitaba
la última prosa absuelta,
el cielo vociferó al Creador
en una estela de terror.

Emancipada la razón
arrodillé el corazón,
estaba yo estremecido
por la voz del caudillo.

Era el estado eterno;
y todo prestó asombro,
de la majestad esparcida
en cada criatura viva.

Un hombre de días
elevó sus manos a la cima
de una gran pináculo
que era como un oráculo.

Un estallido bramó del mar
y se escuchó en la inmensidad.
Se abrió el firmamento
como un libro de lamento.

Convulsionó la tierra,
hubo heridas de guerra.
La muerte se abastecía en placer
cuando un verbo se escucho de Él.

Estallando como el bramido del mar,
anunció con vocablo de autoridad.
¡Hoy es el día del veredicto!
¡Hoy es el día del juicio!

El lamento atravesó mi garganta
y el palidecer perforó mi sien,
afligido en la presencia santa
temí por no hacer el bien.

Era el inicio del fin...

Revelación de una noche

Aquella noche meditando en mí,
advertí una visión inmaculada;
en la que una imagen glorificada
se elevó en un cielo febril.

Se izó entonces la bandera,
de la bendita consumación,
como una llamarada
en el santuario de la expiación.

No pude decir su nombre,
prescindieron mis sentidos.
Delante de Él fui un hombre
acabado, desnudo y arrepentido.

Exclame un verso y otras
prosas de exhumación eterna,
conjurando todas mis penas
y aquellas soledades muertas.

Me afligió la culpa y el miedo
que me ataban al dolor,
cuando un grito de renuevo
estalló del trono de Dios.

Sólo recordé que vi al Señor
en una santa y bendita aparición.

Melancolía

Esta conmoción de pesar
desfallece mi sentido ,
se apodera de mí sin cesar;
entregándome, ya he perdido.

El desamparo, austero de vida,
se encarga de sobornar los deseos.
Y un pecado maltrecho cautiva
todo el amor que murió de celos.

Es la estación de óbito
donde la tierra reclama
todo el estado sólido,
de aquellos que tuvieron alas.

Suspendido entre los mundos,
pretendo aprender de ambos,
que la tristeza es solo desenlace
de los caminos del romance.

Denuedo sangra del cálamo,
casi hendido en quebranto.
Levanto el dorso en divisa
de que aún no hay prisa.

Pero en la coyuntura, postrado
con el espíritu enclaustrado,
contemplo entre apariciones
que me someto a tus rebeliones.

Recuerdos de alguna vez

Quién dijo que no ha visto aquella luz,
que brilla deslumbrante en la noche azul.

Quizás yo pueda decir que alguna vez la vi
tan cerca que atravesó esta humanidad vil.

Pero... expiró y su amor fue la indolencia
que martirizó mi cuerpo sin consistencia.

Sí... yo mentí, al verla en el umbral,
con toda la vida elevada en el puñal.

Se anunció en la divina voluntad,
en el trágico tribunal de lealtad,
que se arrebatara de mi costado
y descansara cerca de los azotados.

Recuerdos que no regresarán más,
efímeros momentos del jamás.

Tuve una ilusión y la vi hendida,
entre las nubes ya estaba perdida.

Perdido estuve, errante ahora soy.
Un caminante en las tinieblas de hoy.

Desfallecer

Amedrentan mis ánimos
las palabras de apremio;
me atormentan el pensamiento
con enardecido escarmiento.

Mis manos adormecidas,
huyen hacia la muerte;
encaminan sus letras,
en una procesión silente.

He agotado el aire que respiro,
se alejó de mí el aliento cautivo;
tomo bocados asfixiantes en suspiros
sin poder tergiversar este sino.

Me alejo de los vivos
sin escribir la salvación,
agobiado estoy sin reconciliación
creo que he muerto sin redención.

Ahora estoy aquí moribundo.
Perdido en el camino.
Sin ver la luz.
Sin escuchar a Dios.

Creo que he muerto estando vivo.

Sin ti

El hombre sin ti es un ser abolido,
que ensortija cruelmente su destino,
en las fauces encarnizadas de la desgracia;
que agoniza en el agravio de sus entrañas.

La afrenta de nuestra violación,
es el crepúsculo de la devoción,
de la pena vivida en si misma
que se aligera atracando en la sima.

A espaldas solo discurro en lo infame,
tratando de no enloquecer en lo errante,
de este reniego y condolencia repugnante
al que me someto por ser despreciable.

Ahora entiendo mi reticencia,
por ser humano, terrenal y huidizo,
que solo tiende a la nefasta ciencia
del estrago temporal y exiguo.

Sálvame de mi trasgresión,
Oh ser inmortal llamado Señor,
Quítame la necesidad de renovación
Y concédeme aquello que llamas perdón.

Tu Mirada

Miradas que no vuelen,
que son temerosas entre las cortinas del revoloteo,
dibujan inquietud en mis alocados sentidos,
que buscan sentirse desmedidos.
Tu eres un ser de esencia impredecible,
que me vuelve necio e indómito;
no se que puedo cavilar de tus intenciones,
que solo abstraen de mi lo temerario.
Quiero que vuelvas a tu ciénaga,
de donde saliste despojada de tu vergüenza;
para acosar la virtud de mi promesa.

Yo se que no piensas en el corolario
maltrecho de tu picardía;
yo se que solo quieres blandir el puñal
y anclarlo sobre los cabellos de mi razón,
para desvariar la fuente de mi instinto,
hacia tus placeres inmundos,
llenos de facilidad y reyerta.
Eres el sonido sórdido del pensamiento,
arrastrado al regocijo de las abatidas y desoladas victimas,
que arrebatas del amparo de la austeridad,
para sepultarlos en aquel país de donde no retornan jamás.

Me saciare con mirarte

Me conformare solo con mirarte a lo lejos
en los días de ardor e inmenso esfuerzo.
Olvidare deprisa los instantes quiméricos,
escondiendo la intención tras un lienzo.
Tratare de extraviarme en la senda a los lejos
desviando el rumbo de la intención a los retos.
Seguiré viviendo en el margen de lo honesto
conservando mi pulcra efigie enhiesto.

Me conformare con saber que te respiro,
y que cada bocanada de aire será mi alivio.
Recordare tu suave aroma de refinada señora
como la fragancia dulce de a quien se añora.
Es el tiempo… no lo se, yo me resguardare
en el abismo que nos distancia para no decaer.

Porque te deseo…
Como desea el niño el seno de su madre
Como desea el hombre de la mujer sus partes.

Yo me incrustare la resignación por declararme
entre la intención y el miedo de tropezar y cegarme.
Yo haré todo lo que pueda para que no distingas
el apetito de mis sentidos en las miradas y risas.

Es un vendaval de otoño que lleva hojarasca
hacia el invierno, tratando de calmar la resaca;
de este latigazo que me ocasiono tu codicia,
sentenciándome al silencio de tus caricias.

www.ingramcontent.com/pod-product-compliance
Ingram Content Group UK Ltd.
Pitfield, Milton Keynes, MK11 3LW, UK
UKHW041836200726
13854UKWH00003BA/1163

9 781445 752785